L'EMPIRE

PARLEMENTAIRE

EST-IL POSSIBLE?

PAR

GUSTAVE CHAUDEY

PRIX : UN FRANC

PARIS

LE CHEVALIER, ÉDITEUR

6í, RUE RICHELIEU

1870

I

LA QUESTION DE L'EMPIRE PARLEMENTAIRE.

La question politique est enfin posée, en France, dans ses véritables termes.

Il s'agit de savoir si, après avoir été un gouvernement de force, l'Empire peut devenir un gouvernement de raison.

Étrange évolution des idées! Après l'avoir tant attaqué, tant décrié, on revient au régime parlementaire! Nous sommes au 22 février 1848, avec le *suffrage universel* au lieu du *suffrage restreint*, et nous avons à expérimenter si ce qui n'a pas été possible avec le suffrage restreint, ne serait pas devenu possible avec le suffrage universel. C'est comme si le ministère Ollivier succédait au ministère Guizot. Il a fallu vingt ans de polémiques, d'agitations, de convulsions terribles, pour amener ce simple changement dans les termes du problème! Quelle lenteur dans la logique des nations! Certes on peut dire que c'est la vraie méthode expérimentale.

Ne nous en plaignons pas. Il est bon, il est honnête que ce soit la logique qui, au fond, mène tout et l'emporte à la longue. Le *mens agitat molem* sera toujours un mot consolateur.

Depuis dix-huit ans, tout était trouble, indécis, capricieux, empirique, dans les affaires de la France. Le Gouvernement, résultat d'un coup de force, n'était, ne pouvait être l'expression d'aucune idée politique.

La Constitution de 1852, indiscutable de sa nature, déclarée indiscutable par sénatus-consulte, n'était qu'une combinaison de moyens par lesquels un seul homme pût rester le maître de la nation, la diriger à sa fantaisie, lui imposer toutes ses volontés. Depuis la première jusqu'à la dernière ligne, tout y avait, sous des formules captieuses, le caractère d'un règlement de relations entre un vainqueur et des vaincus. La loi, quand elle est faite par un législateur qui s'est institué par la force, n'est pas faite pour des concitoyens, mais pour des sujets. Une des plus naturelles conséquences de la Constitution de 1852 devait être en effet de faire rentrer le mot *su-jets* dans les habitudes de la langue politique, avec les *Majestés* et les *Excellences*.

Relativement à son but, cette Constitution ne manquait certes ni de science ni d'habileté. Elle était même, comme instrument de domination, une œuvre très-remarquable.

Elle a duré dix-huit ans!

Pendant dix-huit ans, elle a tenu le suffrage universel enchevêtré, enlacé dans le réseau de ses prescriptions autocratiques.

Est-ce la faute de la France?

Non.

La force est la force, pour les nations comme pour les particuliers. Quelques centaines d'âmes fières, d'intelligences fermes, peuvent bien protester. Cela suffit à sauver l'honneur national, mais n'empêche rien. Une fois domptée, la masse devient inerte. En tout pays, en tout temps, les intérêts sont timides, circonspects, portés à la résignation plutôt qu'aux résistances hasardeuses. Il est besoin de temps, d'une longue suite d'efforts, pour secouer le joug de la contrainte.

L'homme qui signe un engagement, le pistolet sous la gorge, n'est point coupable de lâcheté.

Mais il a le devoir, dès qu'il a pu se soustraire à la contrainte, de demander la résiliation de l'engagement.

C'est ce que la France a fait aux élections de 1869.

Par toutes ses voix indépendantes, elle a demandé la résiliation de l'engagement de 1852.

L'empire autoritaire a eu l'habileté de reconnaître qu'il ne pouvait plus se maintenir comme tel. Il s'est transformé en empire parlementaire.

Cette transformation, précisément parce qu'elle était forcée, indispensable, doit être regardée comme effective. Un nouveau système de gouvernement va être essayé. L'esprit de domination s'y retrouvera sans aucun doute, avec bien des regrets, des arrière-pensées, des habiletés évasives. Mais cela importe peu. Il n'aura plus pour ses ruses les mêmes facilités, et il pourra être surveillé et contenu.

Avec le régime parlementaire tel que nous allons l'avoir, si restreint, si défectueux qu'il soit au début, la lutte sérieuse des opinions va recommencer, lutte légitime, lutte féconde, où le grand moyen de vaincre, ce sera d'avoir raison.

Deux grands partis vont surgir immédiatement, dans lesquels tous les anciens partis seront absorbés. Ce sera un déclassement et un reclassement universels.

Il y aura le parti de ceux qui, croyant à la possibilité, à l'utilité, au succès de l'empire parlementaire, se feront un programme de son établissement et de sa consolidation.

Il y aura le parti de ceux qui, ne croyant pas à la possibilité de l'empire parlementaire, le jugeant même contradictoire avec le suffrage universel et toutes les nécessités de la démocratie moderne, persisteront avec une énergie croissante dans l'affirmation de l'idée républicaine.

Des deux côtés, il y aura place pour le talent, pour des doctrines savantes, pour des convictions chaleureuses; des deux côtés, la discussion, si elle est entièrement libre, pourra être loyale, honorable, et considérablement utile.

Et la vraie politique de l'avenir sortira de là.

J'entre dès à présent dans la lice pour le compte de ceux qui ne croient pas à la possibilité de l'empire parlementaire. Mes amis politiques savent, par bien des conversations de ces dernières années, que je ne suis pas pris au dépourvu par la question qui vient de se dégager des événements. Je crois utile et opportun de leur soumettre mes réflexions sur ce sujet, en les adressant particulièrement à mes amis de la jeune gauche du Corps législatif. Le moment est venu où il peut, du dehors, être envoyé quelque secours à ceux qui sont dans la place.

II

Réfutation du sophisme consistant à prétendre que toutes les formes de gouvernement peuvent donner et garantir la liberté.

La situation fausse des partis, les difficultés de la polémique, l'impossibilité de donner aux opinions leurs vraies formules, la nécessité de ruser avec la loi, de réelles et loyales indécisions chez beaucoup d'hommes politiques, et aussi le besoin, chez certains autres, d'abriter sous une doctrine commode les calculs de leur ambition, ont fait surgir de la confusion intellectuelle de ces derniers temps des maximes de scepticisme, qui ont singulièrement contribué à ébranler les convictions et à dérouter l'esprit public.

Il convient, avant de relever la question de principes, de signaler ces maximes et d'en déblayer la
discussion.

Voici un résumé de ce qu'on a pu lire, depuis
quelques années, dans une foule de livres, bro-
chures ou articles de journaux à prétentions libé-
rales :

« La grande affaire de ce temps, c'est de réparer
les désastres de la liberté, d'abattre le gouvernement
personnel et d'établir enfin sur des bases solides le
gouvernement de la nation par la nation. Est-il besoin pour cela de renverser l'Empire, de recourir à
une révolution? Nullement. L'Empire, qui a si bien
sauvé l'ordre, peut très-bien fonder la liberté. Il n'a
qu'à vouloir. Amenons-le à vouloir, par la pression
du suffrage universel. Quand il s'agit de liberté, il
ne faut pas être délicat, il faut prendre de toutes
mains. Qu'importent le coup d'Etat et les souvenirs
du Deux-Décembre aux gens qui ont la passion de la
liberté? Est-ce que la vraie passion se laisse arrêter
par de pareilles réminiscences? Les républicains
font les scrupuleux, on sait bien pourquoi. C'est
qu'ils ne sont pas libéraux. Leur passion pour la république les empêche d'aimer la liberté. Les gens
qui aiment vraiment la liberté sont indifférents à

la forme du gouvernement. Toutes les formes leur
sont bonnes, si elles donnent la liberté, et toutes
peuvent la donner. Ce n'est qu'une question de
bonne volonté, et, en cas de résistance, le suffrage
universel est là pour se faire obéir. Avec le suffrage universel, tous les gouvernements se valent,
puisqu'il est toujours le maître; toutes les dynasties
sont égales, puisqu'elles sont toutes forcées de s'in-
cliner devant ses commandements. Nous avons la
dynastie impériale sous la main. Pourquoi la changer? Tout changement est un trouble. Gardons-la,
en la mettant tout simplement au service de la liberté. Elle s'adaptera parfaitement au régime parlementaire, et il y a dans l'Empereur l'étoffe d'un
excellent monarque constitutionnel. »

On peut affirmer que la formation du ministère
du 2 janvier et le rapprochement, dans cette tentative de restauration parlementaire, de l'élément im-
périaliste et de l'élément orléaniste, en la personne
de MM. Ollivier, Buffet, Daru et de Talhouët, n'est
qu'une conclusion de cet ensemble de considérations et de raisonnements.

Tout le programme du centre gauche est sorti de
là, et aussi le programme du centre droit par contre
coup, pour faire échec au programme de la gauche,

encore trop abstrait, trop indéterminé, mais déjà très-
menaçant. C'est ainsi que les idées avancées se font
sentir même à ceux qui leur résistent, et qui, même
pour les retenir, sont obligés de les suivre. L'état de
l'esprit public rendait indispensable de repasser par
l'épreuve parlementaire, qui se prête si bien à l'indé-
cision et facilite à tout le monde les tâtonnements.
Un peu plus tôt, un peu plus tard, cette phase politique devait revenir. Même supprimée par des acci-
dents, par une explosion des passions populaires,
elle laisserait une lacune fâcheuse dans la série de
nos expériences, et, à l'état de danger pour l'avenir,
une cause de défiance et de trouble dans un grand
nombre d'esprits. Il n'y a donc, pour tout le monde,
qu'à trouver fort opportune l'évolution actuelle. Les
républicains avisés qui ont su la prévoir et la désirer
vivement, comme une préparation fort utile de leur
solution, ne doivent pas être aujourd'hui les derniers
à s'en féliciter. L'arène intellectuelle leur est rou-
verte dans de meilleures conditions que jamais.

Quoi qu'il en soit, on reconnaîtra, si l'on y regarde de près, que toutes ces considérations, tous ces
raisonnements, par lesquels on conclut à la restauration parlementaire, et qui ont l'air d'être si bien
enchaînés, reposent sur ces deux propositions, con-

sidérées comme axiomes, et qui sont cependant fort contestables :

Toutes les formes de gouvernement peuvent donner et garantir la liberté.

Toutes les formes de gouvernement peuvent se concilier avec le principe de la souveraineté nationale.

Je n'hésite pas, pour ma part, à contester formellement, énergiquement, avec tout ce que j'ai pu rassembler de notions politiques et historiques, ces deux propositions, que je traite hardiment de sophismes.

Il suffit de quelques considérations sommaires pour les réfuter.

En ce qui regarde la première, elle est si peu autorisée par le raisonnement, si peu justifiée par l'histoire, que tout le travail des nations, tout l'effort du génie politique, n'a cessé d'avoir pour objet la recherche et la détermination des formes de gouvernement capables de donner et de garantir la liberté. Ç'a été, c'est encore l'idéal de tous les penseurs, de tous les vrais hommes d'État. Il faut donc que cet idéal ne soit pas d'une réalisation si facile. On cite, dans la suite des siècles, trois ou quatre tentatives qui ont réussi. On compte par centaines celles qui ont échoué.

Jusqu'à la fin du dix-huitième siècle, il était de croyance générale que l'Angleterre seule, en Europe, avait su trouver les formes politiques de la liberté. Les historiens, les publicistes n'osaient citer, comme libérale, que la constitution anglaise. Montesquieu n'a eu d'admiration que pour elle. La plupart de nos écrivains n'ont encore, à l'heure qu'il est, qu'à nous proposer l'imitation de l'Angleterre. Ce n'est qu'une minorité qui, depuis quelques années seulement, tâche de diriger notre attention vers l'Amérique et la Suisse.

La révolution française cherche depuis quatre-vingts ans les formes politiques de la liberté. Les a-t-elle trouvées ? Qui oserait le dire sur les ruines de dix ou douze gouvernements ? Ce n'est pas faute d'avoir essayé de la constitution anglaise avec toutes sortes de variantes. Il paraît donc que toutes les formes politiques ne peuvent pas donner et garantir la liberté, puisque, dès qu'elles sont appliquées à la France, les formes anglaises ne la donnent ni ne la garantissent plus.

Répondez à cela, publicistes subtils, qui vous êtes laissé endoctriner par les calculs pratiques de MM. de Morny, de Girardin et Ollivier, ou par les conceptions plus malicieuses des parlementaires orléanistes, qui, avec leur système d'être indifférents pour les personnes et passionnés pour la liberté seulement, ont si bien su ramener leur idée et se préparer l'occasion de rentrer dans les carrières politiques, avec ou sans leurs princes. Ah ! c'est de la vraie foi, cela, foi dans les choses et non dans les hommes. A la bonne heure ! Mais il faut que le résultat la confirme. Il sera curieux de voir si MM. Ollivier et Buffet réussiront, avec le suffrage universel, où les Thiers et les Guizot ont échoué avec le suffrage restreint. Il sera intéressant de constater si le suffrage uuiversel doit être regardé comme une chance de plus.

Ce qu'on peut dire de la nécessité d'une certaine forme toute spéciale, pour donner et garantir la liberté, s'il s'agit de monarchie, on doit le dire également et par les mêmes raisons, s'il s'agit de république.

Il serait singulièrement téméraire de soutenir que par cela seul que le chef de l'État, au lieu d'être un roi, sera un président temporaire, la forme du gouvernement ne saurait manquer de donner et de garantir la liberté. L'histoire des républiques est pleine de présidents ou de chefs du pouvoir exécutif, sous un nom quelconque, qui n'ont songé à employer

2

leur puissance qu'à la confiscation de la liberté. Qui oserait prétendre qu'il est indifférent, dans une ré‑publique, que le pouvoir exécutif soit nommé de telle ou telle façon ? Ce n'est certes pas M. de Girar‑din ni M. Ollivier, malgré cette disposition, qui est l'unique excuse de leurs évolutions étranges, à croire que tout peut se concilier avec tout, et que la liberté peut se greffer sur un coup d'État. Ce ne se‑rait pas même, s'il vivait encore, M. de Morny, qui avait si bien compris quelle chance lui assurait contre l'Assemblée législative la force exorbitante d'un président nommé directement par le suffrage universel. Pense‑t‑on qu'il aurait risqué l'aventure dans d'autres conditions républicaines et avec une autre forme du pouvoir exécutif ?

Reconnaissons donc que la question de forme, en politique, est capitale, essentielle. L'expérience a prouvé, et encore fort rarement, que la forme mo‑narchique, combinée avec de certaines formes élec‑torales toujours restrictives du droit de suffrage, pouvait donner et garantir une certaine liberté. Elle n'a pas encore prouvé que la forme monarchique pût se combiner avec le suffrage universel, autrement que pour l'assujettir ou le corrompre, et consé‑quemment pour détruire la liberté. Ce qu'il y

avait de liberté en France le 25 juillet 1830, le
21 février 1848, n'a pu se maintenir ou s'élargir
qu'en faisant disparaître une royauté. Ce qu'il y
avait de liberté en France le 1er décembre 1851 a
disparu, dès que la forme républicaine a fait place à
une reconstruction monarchique. Et la seule conséquence à tirer de là, c'est qu'il n'y aura en France de
liberté solidement établie et garantie, que lorsque la
forme du gouvernement y sera en parfait accord
avec les conditions normales du suffrage universel.

III

RÉFUTATION DU SOPHISME CONSISTANT A PRÉTENDRE QUE TOUTES LES FORMES DE GOUVERNEMENT PEUVENT SE CONCILIER AVEC LE PRINCIPE DE LA SOUVERAINETÉ NATIONALE.

Sous d'autres expressions, ce second sophisme n'est guère que la reproduction du premier, s'il est vrai de dire que le principe de la souveraineté nationale, n'est autre que le principe même de la liberté politique. Mais comme il s'est trouvé, même depuis 1789, des gouvernements qui, sans être assurément libéraux, ont eu cependant la prétention de réaliser le principe de la souveraineté nationale, parce qu'ils avaient la consécration d'un plébiciste plus ou moins régulier, il s'est produit à ce sujet quelque confusion dans les esprits, et il importe de reprendre sous une nouvelle forme l'erreur qui vient d'être combattue, et de lui opposer une réfutation encore plus directe et plus positive.

Il saute aux yeux, pour rester dans les vérités indiscutables, qu'un système de gouvernement où la nation ne serait pas consultée, où l'opinion publique n'aurait aucun moyen officiel de se manifester et de se faire prendre en considération, où il n'y aurait pas, en un mot, une chambre de députés ou de représentants, ou des communes, pour exprimer la volonté populaire, serait en dehors du principe de la souveraineté nationale.

Il est bien évident aussi qu'un système de gouvernement où se trouverait, avec la division classique des pouvoirs en législatif, exécutif et judiciaire, une chambre de députés de la nation, mais une chambre subordonnée, réduite à un rôle consultatif, dépourvue des moyens efficaces de faire prévaloir sa volonté, ne serait qu'une expression fort défectueuse du principe de la souveraineté nationale.

Il paraîtra certain encore que, si cette chambre de députés, au lieu d'être dans cette situation secondaire, avait réellement la prépondérance politique, mais si elle n'était nommée que par les citoyens payant mille francs, ou cinq cents francs, ou deux cents francs d'impôts, la prépondérance de cette chambre ne serait pas la souveraineté nationale, mais seulement la souveraineté des contribuables à mille francs, ou à cinq cents francs, ou à deux cents francs.

On reconnaîtra ainsi que la Chambre des Communes, en Angleterre, même si l'on admet qu'elle y soit dominante, ne réalise point le gouvernement de la nation par la nation, mais seulement le gouvernement de la nation par une classe plus ou moins considérable de citoyens.

On fera la même observation pour la France, relativement à la Chambre des Députés sous la monarchie parlementaire d'avant 1848, en se rappelant que cette monarchie a succombé précisément devant la question de réforme électorale.

Voilà déjà bien des systèmes de gouvernement qui ne peuvent pas être regardés comme très-conciliables avec le principe de la souveraineté nationale.

Les parlementaires actuels approchent de ce principe, quand ils prennent pour programme le gouvernement de la nation par le suffrage universel. Mais, s'ils ne méconnaissent pas que cela suppose une Chambre des Députés puissante par son origine, prépondérante par ses attributions, vraiment maîtresse des affaires du pays, pouvant enfin avoir le dernier mot dans la direction de la politique, se rendent-ils bien compte des conditions obligées de cette suprématie de l'élément représentatif?

Il est permis d'en douter, quand on les voit accepter, pour réaliser ce programme, des combinaisons de pouvoirs, des engrenages d'institutions, des neutralisations de prérogatives, des formes de gouvernement, en un mot, qui en sont la contradiction.

Je ne veux rien exagérer. Le principe de la souveraineté nationale n'est pas une conception politique de fondation, élémentaire, primitive, qui ait dû se produire à l'origine des peuples, avec la notion même d'État ou de Gouvernement. Ce n'est qu'un résultat de civilisation. Je ne pense pas que les Chaldéens, les Assyriens, les Babyloniens, les Perses, les anciens Égyptiens, les Hébreux, aient pu en avoir seulement l'idée. La république d'Athènes, même au temps de Périclès, n'était qu'une municipalité autonome. La république romaine, avec la puissance des patriciens et l'asservissement des provinces, si elle représente bien une métropole dominante, ne représente nullement une nation souveraine, et l'empire des Césars, en mettant les empe-

reurs à la merci des prétoriens et de la populace de
Rome, n'a certainement pas été une consécration des
droits du peuple. Je ne sais pas si, présentement, il
serait bien pratique de parler de souveraineté nationale en Chine, aux Indes, en Russie, en Turquie,
en Égypte, au Maroc, en Abyssinie, et chez les
nègres de l'Afrique. Je doute qu'en Angleterre même,
en face de la Chambre des Lords, on accepte ce
principe sans réserve. On ne le voit, à l'état d'institution véritable, qu'aux États-Unis d'Amérique et en
Suisse. Il a fallu, en France, tout l'effort de la Révolution pour l'imposer seulement à l'état de théorie,
et encore doit-on reconnaître que, s'il n'y est plus
guère contesté, s'il y est même proclamé avec osten-
tation en toute circonstance solennelle, et surtout
dans le préambule des constitutions, il n'y est encore
qu'assez imparfaitement compris, même théorique-
ment. Il n'est donc pas surprenant que la pratique
y laisse encore tant à désirer.

Toutefois, il y a lieu de constater que l'établissement du suffrage universel et le maintien de son
fonctionnement pendant une période de vingt ans,
sont un acheminement considérable vers une application sérieuse et régulière de cette grande idée de
souveraineté nationale. On est fondé maintenant à en

attendre de la force des choses la complète réalisation.

Ces réflexions, en prouvant que je sais tenir compte du temps et des obstacles de fait, dans l'appréciation du mouvement politique, m'autorisent à poser ici certains principes avec quelque rigueur.

Il ne peut y avoir de véritable souveraineté nationale que dans un système de gouvernement où la nation soit assurée, par la Chambre de ses députés ou représentants, de faire prévaloir sa volonté.

Là seule expression vraie du principe de la souveraineté nationale, c'est le suffrage universel, autrement dit, la participation de tous les citoyens à la nomination de la Chambre des députés ou représentants.

Toute la signification, toute l'importance, toute la valeur politique du suffrage universel appliqué à la nomination d'une Chambre de députés, c'est d'assurer, par la prépondérance de cette Chambre, la prépondérance de la volonté nationale dans le gouvernement.

Toute combinaison constitutionnelle qui fournit à un pouvoir quelconque le moyen de faire obstacle à la prépondérance d'une Chambre de suffrage universel, loin de se concilier avec le principe de la souveraineté nationale, en est la formelle négation.

Il ne suffit donc pas, pour la réalisation de ce principe, qu'il y ait, parmi les pouvoirs constitutionnels, une Chambre de députés nommée par le suffrage universel; il faut encore que la souveraineté de cette Chambre ne puisse être tenue en échec par aucun autre pouvoir.

Le suffrage universel, en tant qu'expression de la souveraineté nationale, ne s'entend pas d'une seule génération, mais de toutes les générations successives. Rien de perpétuel, rien d'immuable, rien d'indiscutable ne saurait être imposé par celle qui précède à celles qui la suivront. La nation dans vingt ans sera une autre nation que celle d'aujourd'hui. Comment concevoir que la plénitude de souveraineté n'appartienne pas à l'une comme à l'autre? Comment admettre qu'un vote d'aujourd'hui puisse enchaîner la nation qui sera dans vingt ans? Toute forme politique ayant le caractère de perpétuité, d'immutabilité, d'inviolabilité, est donc absolument incompatible avec le principe de souveraineté nationale.

Une constitution fondée sur ce principe doit donc être constamment révisible, sur l'initiative de la

nation elle-même ou de ses représentants, comme
en Suisse ou aux États-Unis d'Amérique.

Il est impossible de regarder comme conciliable
avec la souveraineté nationale une forme de gouvernement, une combinaison constitutionnelle, à
raison de laquelle le droit de recourir à un plébiscite, de convoquer la nation à une manifestation de
sa volonté, relativement à un changement de la
constitution, soit exclusivement attribué au pouvoir
exécutif.

Il est manifestement contraire aussi à la souveraineté nationale que le pouvoir exécutif ait seul
la faculté de poser, devant la nation, la question de
sa propre responsabilité.

Il faut en dire autant de toute organisation du
pouvoir exécutif aboutissant à un système d'administration, où se trouverait le moyen d'influencer
assez le suffrage universel pour arriver à le dominer
ou à le corrompre.

La liste est longue, comme on le voit, des difficultés toutes inhérentes à certaines formes de gouvernement, qui se dressent devant la prétention de
ceux qui veulent tout concilier avec la souveraineté
nationale. Ce n'est donc pas assez que l'Empire, pour
se mettre d'accord avec les grands principes de la

démocratie moderne, consente à devenir parlementaire. Il faut qu'en le devenant il ait pris la ré-
solution de se prêter à bien d'autres concessions,
à bien d'autres diminutions de pouvoirs, à bien
d'autres restrictions de prérogatives, qui lui seront
certainement demandées comme des conséquences
nécessaires de ces principes. La question est de
savoir s'il pourra pousser l'abnégation jusque—là,
sans se détruire lui—même, ou si, ne la poussant
pas jusque—là, il pourra se maintenir. Entrons
maintenant dans le vif du sujet.

IV

CONSÉQUENCES INÉVITABLES DU PRINCIPE DE SOUVERAINETÉ NATIONALE EXPRIMÉ PAR LE SUFFRAGE UNIVERSEL. LIBERTÉS DE LA COMMUNE. LIBERTÉS DU DÉPARTEMENT. LIBERTÉS DE LA NATION.

Les conséquences du principe de souveraineté nationale, dès qu'il est bien compris, bien formulé, et mis en œuvre par un organe aussi puissant que le suffrage universel, sont d'une déduction aussi facile qu'inévitable. Le cerveau populaire, une fois en possession de cette idée, ne la quittera plus, ne l'abandonnera plus, tant qu'il ne lui aura pas fait produire toute son utilité pratique pour les masses.

L'introduction du suffrage universel dans le mécanisme politique a déjà beaucoup changé et changera bien autrement encore toutes les règles, toutes les maximes, toutes les directions, tous les procédés de gouvernement.

Ce qui pouvait être régulier, habile, efficace, avec le suffrage restreint, cesse tout d'un coup d'être régulier, habile ou efficace, avec le suffrage universel.

Que devient l'ancienne justesse, l'ancienne sagacité, l'ancienne utilité du programme ayant pour principal objet de satisfaire la classe riche ou moyenne, de flatter ses goûts, de respecter ses préjugés, de servir ses intérêts et de lui plaire en toutes choses, si, pour quatre ou cinq cent mille voix que cela fera gagner, cela conduit à en aliéner sept ou huit millions ?

Avec le suffrage universel, la politique qui procure l'adhésion des forts et des grands n'est plus que secondaire à côté de celle qui procure l'adhésion des faibles et des petits. Les suffrages qui se comptent par centaines de mille ne font plus qu'une assez modeste figure près de ceux qui se comptent par millions. Il faut penser au grand nombre. C'est le grand nombre qu'il faut satisfaire, dont il faut servir les intérêts, auquel il faut chercher à plaire.

Là commence à trouver son application la fameuse pensée de Pascal : « Ne pouvant faire que ce qui est fort soit juste, faisons au moins que ce qui est juste soit fort. »

La justice, la prise en considération de l'intérêt le plus général, voilà ce qui devient la première règle de la politique.

A côté de ce grand résultat philosophique, qui est déjà un progrès de haute civilisation, il se produit des tendances, des dispositions d'esprit, des entraînements de logique populaire, d'un caractère plus positif et d'une signification plus formellement politique.

Dans la commune, les électeurs, investis du droit de nommer les Conseils municipaux, ne tardent pas à vouloir qu'ils puissent prendre la haute main dans l'administration communale, et à demander pour cela que les maires et adjoints ne relèvent plus que de ces Conseils. Et comme ces mêmes électeurs nomment les députés au Corps législatif, ils ne manquent pas de moyens d'arriver à leur but, puisqu'ils peuvent agir directement sur la loi. La presse aidant et stimulant partout l'instinct des masses, il n'y a pas loin de l'intelligence de ce mécanisme électoral à la volonté de s'en servir. On peut tenir pour certain que, de cette volonté, sortiront un jour toutes les libertés communales, jusqu'à la complète

3

émancipation, jusqu'à l'autonomie de la commune.

Dans le département, les éleeteurs, qui nomment les Conseils généraux, veulent aussi que ces Conseils deviennent les maîtres de l'administration départementale. De cette volonté à une extension considérable de la compétence et des attributions de ces assemblées représentatives de la province, il n'y a pas loin non plus, si peu que le suffrage universel s'en explique avec les députés au Corps législatif. Les libertés du département sortent ainsi de la même source que les libertés de la commune

Dans la nation, les électeurs, qui nomment les députés au Corps législatif, sont les maîtres de la loi, dès qu'ils veulent l'être, sans avoir nullement besoin de recourir au mandat impératif, et leur disposition à devenir les maîtres s'accentue chaque jour de plus en plus. Dès qu'ils dictent la loi, ils y mettent toutes les libertés dont ils ont le besoin, le désir et même la simple fantaisie. La raison publique est ici le seul contrepoids de la puissance du suffrage universel, et les libertés de la nation n'ont point d'autres limites que celles que la volonté nationale s'impose elle-même.

V

INCONCILIABILITÉ DE LA CENTRALISATION ET DU
SUFFRAGE UNIVERSEL.

C'est ici que surgit la grande question de l'époque actuelle; c'est ici qu'est le nœud de toute la politique moderne?

Est-il possible de concilier la centralisation et le suffrage universel.

Ah ! qu'il y a de choses dans cette seule question ! Combien de discussions et de luttes terribles elle résume ! De combien d'expériences, de tentatives, de tâtonnements et de mécomptes, elle est l'expressive constatation !

Voilà quatre-vingts ans que la Révolution, avec la monarchie ou la république, avec le suffrage restreint ou le suffrage universel, essaie d'utiliser la centralisation, de l'approprier à ses fins, de s'en faire un instrument !

Elle n'y parvient pas !

Ne se serait-on pas trompé ? N'aurait-on pas fait fausse routa? N'aurait-on pas entrepris l'impossible, se demandent les esprits réfléchis et chercheurs ?

Et ils posent la question en de nouveaux termes, qui donnent lieu à de nouvelles recherches, à de nouvelles études, à de nouvelles conceptions, à de nouveaux efforts, à de nouvelles expériences, et finalement à un progrès de la vérité dans la raison publique.

C'est ainsi que la discussion a été portée depuis quelque temps sur la centralisation.

Eh bien, oui, on s'est trompé depuis quatre-vingts ans, on a fait fausse route, on a entrepris l'impossible, en cherchant à réaliser le principe de la révolution au moyen de la centralisation, qui était l'organisme par excellence du principe de l'ancien régime.

Il y aurait lieu de s'étonner, vraiment, que, par simple instinct, par simple pressentiment, la Révolution n'eût pas deviné tout de suite, *à priori*, combien cette tentative était chimérique, s'il ne fallait se rappeler sans cesse combien la rupture des traditions, la rectification des préjugés se fait lentement et timidement dans l'esprit d'une nation, et combien les publicistes eux-mêmes ont besoin des indications de l'histoire, ou plus modestement de la pratique, pour reconnaître une erreur ou démêler une idée juste.

Il n'était besoin, dès 1789, que d'un raisonnement bien simple pour être en garde contre les illusions. Il n'y avait qu'à se dire ceci :

La France veut changer de principe politique ; elle veut mettre, à la base de ses institutions, le principe de la souveraineté nationale à la place du principe de droit divin. Il est bien difficile de concevoir que les anciens procédés de gouvernement, les anciennes organisations, les anciennes institutions, l'ancien mécanisme politique, qui avait pour principal objet de produire de la soumission et de l'obéissance, puisse convenir au principe nouveau, qui a pour principal objet de produire de l'indépendance et de la liberté.

Par cette simple réflexion, on entrait d'emblée dans la voie du bon sens, et l'on arrivait tout naturellement à l'idée que, pour organiser le principe de la révolution, il fallait tout simplement prendre le contrepied de ce qu'avaient fait les rois pendant huit siècles, àne compter que depuis Hugues Capet, pour organiser l'ancien principe.

Or, ce qu'avaient fait les rois pendant huit siècles, avec beaucoup de suite et de logique (car il s'était trouvé parmi eux quelques hommes d'État qui faisaient d'excellente logique), pour organiser le droit divin, pour le rendre pratique, pour mettre à sa disposition toutes les forces de l'État, c'était la centralisation.

La conception d'un pareil organisme était sortie en ligne directe de la prétention de soumettre toute une nation à la volonté d'un seul homme, et il ne se pouvait point imaginer de combinaison plus ingénieuse pour arriver à ce résultat. Les hommes d'État de la monarchie, rois ou ministres, qui sont particulièrement traités de grands politiques, comme Louis XI, Henri IV, Richelieu et Louis XIV, n'ont cette place à part dans l'histoire que pour avoir compris l'idée de centralisation mieux que les autres.

La révolution n'avait donc qu'à se donner pour première tâche politique de briser l'organisme du droit divin et de défaire la centralisation.

Voilà, semble-t-il, comment d'instinct l'œuvre révolutionnaire aurait dû être engagée. C'est la

marche contraire qui a été suivie; la centralisation
a été non-seulement gardée, mais fortifiée depuis
1789, et même portée à la suprême perfection par
le premier Empire, et cela nous a valu un retard de
quatre-vingt ans.

Il faut aujourd'hui revenir au point de départ.
Les plus savantes réflexions n'ont fait que confirmer
les suggestions de l'instinct. Tout est à changer, soit
dit sans aucune plainte, sans aucune récrimination
contre nos devanciers, puisqu'ils n'ont point man-
qué de bonne volonté, mais seulement de clair-
voyance; tout est à changer dans la direction de la
révolution.

Insistons, pour bien éclaircir cela, sur cet antagonisme de nature entre la centralisation et le principe de la souveraineté nationale.

Une fois établie dans la pensée populaire, par
l'effet d'un certain ensemble de sentiments et de
croyances, la fiction que la maison royale de France
avait été placée sur le trône par le choix de Dieu,
par la grâce de Dieu, quel raisonnement ont dû faire
les rois pour donner à cette fiction corps et réalité,
et la transformer en instrument de règne, en institution pratique?

Ils ont dû se dire : Puisque le roi tient son titre de

Dieu, il faut que tout émane du roi dans le royaume comme tout émane de Dieu dans l'univers; il faut que le roi soit le centre de la nation comme Dieu est le centre du monde;

Rien ne se fera dans le royaume que par la volonté du roi;

Le pouvoir législatif et l'exécutif se confondront dans le roi; le judiciaire émanera du roi;

Tous les administrateurs, tous les magistrats seront institués par le roi;

L'armée sera l'armée du roi;

La flotte sera la flotte du roi;

La paix et la guerre seront décidées par le roi;

Aucun groupe politique, aucune commune, aucune ville, aucune province ne pourra se constituer, délibérer, agir, gérer ses affaires qu'avec la permission et selon le bon plaisir du roi;

Toute situation, toute existence, tout intérêt particulier sera sous la dépendance du roi; les métiers mêmes seront réglementés par le roi;

C'est un ministre du roi qui, à côté du roi et par ses ordres, dirigera toutes les affaires relatives à la guerre; un autre qui dirigera toutes les affaires relatives à la justice, un autre toutes les affaires relatives aux finances, un autre toutes les affaires relatives au commerce, à l'agriculture, aux travaux publics, etc. Toujours un homme seul (monos) pour être maître de tout et disposer de tout;

Le roi, quoiqu'il décide tout et fasse tout, sera inviolable et sacré;

Aucun commandement, aucune prescription, aucune loi ne sera promulguée et exécutée qu'au nom du roi, sous le sceau du roi et avec l'agrément du roi;

En un mot, tout partira du roi et tout aboutira au roi;

La pensée et la volonté du roi domineront toutes choses.

Voilà, dans son essence, dans sa nature intime, la centralisation!

C'est, comme on le voit, tout un système d'organisation politique et administrative, dont l'objet propre, dont la destination spéciale est d'accroître autant que possible la puissance du monarque, et, par suite, d'assurer autant que possible la soumission, l'obéissance, la dépendance de toute la nation et de toutes les parties de la nation.

Ce système, cela va sans dire, est exclusif de toute censure, de toute critique, de toute discussion, de tout contrôle des actes de l'autorité, puisque ne laissant rien à décider, dans l'ordre politique et admi-

nistratif, à aucune volonté individuelle ou collec-
tive en dehors du monarque, il supprime de fait
toute délibération sérieuse, et ne permet pas qu'une
manifestation quelconque d'opinion puisse faire obstacle à la volonté directrice.

La France a vécu de ce régime jusqu'en 1789.

La question, en 1789, était de changer tout cela.

La France, fatiguée, excédée de l'ancien régime,
voulait autre chose. Elle était dans son droit. Les
nations, comme les individus, peuvent agir sur leur
destinée, essayer de l'améliorer, de la rendre moins
dépendante et moins soumise à l'arbitraire. Elles
peuvent, comme les individus, prétendre aux avantages et aux risques, aux garanties et aux responsa-
bilités de la liberté. La France a donc usé de son
droit; elle a fait une révolution pour se débarrasser
de l'ancien régime, pour s'organiser d'après un nouveau principe. Une révolution, dans le vrai sens du
mot, n'est pas autre chose en effet que le travail de
transformation qu'opère une société sur elle-même
pour changer de principe politique.

A l'ancien principe du droit divin, il a été subs-
titué le principe de la souveraineté nationale. Toute
la révolution française, politiquement et même so-
cialement, se réduit à cela.

Le principe de la souveraineté nationale n'est devenu une réalité, une institution, qu'après soixante ans, par l'établissement du suffrage universel.

Et qu'est-ce maintenant, à côté du principe du droit divin exprimé par la centralisation, que le principe de la souveraineté nationale exprimé par le suffrage universel?

C'en est, on peut le dire, la contradiction formelle, positive, radicale.

De ce fait que toutes les affaires publiques sont soumises au jugement de la nation et décidées par le vote de l'universalité des citoyens, que va-t-il résulter nécessairement?

Juste le contraire de ce qui avait dû se produire quand tout dépendait de l'appréciation et de la décision d'un monarque.

Rien ne doit plus se faire que par la volonté de la nation.

Tous les pouvoirs, le législatif, l'exécutif et le judiciaire, doivent tenir leur antorité de la nation.

La paix et la guerre doivent être décidées par la nation.

L'armée doit être l'armée de la nation.

La flotte doit être la flotte de la nation.

Chaque groupe politique, chaque commune,

chaque ville, chaque département, ayant comme la nation le suffrage universel ponr principe organique, aura son existence propre, sa compétence particulière, et pourra, dans la sphère de ses intérêts spéciaux, délibérer et agir en pleine liberté, ne dépendant de la nation que dans les choses qui seront d'intérêt national.

Toutes les situations, toutes les existences, tous les intérêts particuliers, protégés par la qualité électorale dans chaque citoyen, seront rendus à leur indépendance naturelle. Toutes les professions s'organiseront librement.

La fausse théorie de l'indépendance respective du pouvoir exécutif et du pouvoir législatif, qui revient à dire que le bras peut être indépendant du cerveau, et qui ne s'explique que par la nécessité de justifier, dans les gouvernements de transaction, les prérogatives d'un monarque à côté de celles des représentants de la nation, devra disparaître. Tous les titulaires du pouvoir exécutif, quel que soit leur rang, ne seront que les ministres ou agents responsables de la nation ou des représentants de la nation.

La doctrine qui, par une erreur contraire, fait dépendre le pouvoir judiciaire du pouvoir exécutif, sera également écartée.

Aucun commandement, aucune prescription de caractère général, aucune loi ne sera promulguée et exécutée qu'au nom de la nation et sous le sceau national.

Dans les affaires de caractère communal, tout sera réglé dans le Conseil de la commune; dans les affaires de caractère départemental, tout sera réglé dans le Conseil du département ; dans les affaires de caractère national, tout sera réglé dans le Conseil de la nation.

En toutes choses enfin, la nation, dans son ensemble comme dans ses parties, ne relèvera que de sa propre pensée et de sa propre volonté.

Tel est dans son développement logique et par l'extension successive de ses conséquences, le suffrage universel.

Il doit en sortir, comme de la centralisation, un système complet d'organisation politique et administrative, mais d'une nature bien différente et devant employer des moyens tout autres, puisque l'objet essentiel en est de produire de la liberté, comme l'objet essentiel de la centralisation est de produire du pouvoir.

La censure, la critique, la discussion, le contrôle des actes de l'autorité, sont aussi indispensables au

suffrage universel qu'ils sont interdits à la centralisation.

On peut se demander maintenant s'il est possible
d'avoir à la fois, dans une même constitution, dans
un même gouvernement, dans un même organisme
politique, la centralisation et le suffrage universel,

La réponse est facile à faire et doit se formuler
hardiment.

Contraires par leur principe, contraires par leur
objet, contraires par leurs moyens, la centralisation
et le suffrage universel sont absolument inconcilia-
bles.

Toutes les transactions peuvent être essayées. Il
est dans la force des choses qu'elles le soient. Elles
dureront, selon les circonstances, plus ou moins
longtemps. Elles seront utiles, lorsque mettant les
deux idées aux prises dans de certaines conditions
de liberté, elles aideront la vérité à se dégager et à
se répandre dans l'opinion publique. La restauration parlementaire qui est actuellement tentée aura
probablement très-vite ce résultat. Il y a déjà un
grand progrès de réalisé dans le fait seul de l'absorption des orléanistes et même des républicains
équivoques par le gouvernement impérial. Cinq ou
six hommes comprenant les vrais principes et ca-

pables à un moment donné de les relever à la tribune, auront facilement raison de toutes les combinaisons fausses. En définitive, comme la centralisation tient au principe qui s'en va, et le suffrage
universel au principe qui arrive, on est fondé à
regarder comme certain que le suffrage universel
ne tardera pas à dévorer la centralisation avec tout
son accompagnement obligé.

Mais si la centralisation disparaît, objecteront
quelques esprits attardés, que deviendra l'unité nationale?

L'unité nationale n'a rien de commun avec la
centralisation. C'est une idée d'un ordre tout diffé-
rent. L'unité nationale n'est que la cohésion des
parties de la nation. La Constitution ou pacte social,
qui relie les parties au tout, peut, par une juste détermination de la compétence nationale, par les
garanties de liberté, de sécurité et de protection
qu'elle donne aux provinces ou départements, par
la communauté d'intérêts qu'elle établit entre eux,
assurer cette cohésion beaucoup mieux que la centralisation, qui n'est que le moyen brutal de l'imposer
en écrasant chaque partie sous la puissance du tout.
Il y a beaucoup d'unité nationale, et de la meilleur,e
et de la plus forte, en Suisse et aux États-Unis

d'Amérique. L'agrégation des parties, fondée sur l'adhésion, sur l'alliance volontaire, sur un engagement contractuel, est bien autrement solide et suscite un patriotisme bien autrement énergique que l'annexion ou l'absorption résultant uniquement de la force.

Il suffit ici d'indiquer ces considérations, que je me réserve de développer dans un autre travail, et je ne les appuierai que de la citation suivante de Montesquieu (1) :

« Il y a grande apparence que les hommes au-
« raient été à la fin obligés de vivre toujours sous
« le gouvernement d'un seul, s'ils n'avaient ima-
« giné une manière de constitution qui a tous les
« avantages intérieurs du gouvernement républi-
« cain et la force extérieure du monarchique. Je
« parle de la république fédérative.

« Cette forme de gouvernement est une conven-
« tion par laquelle plusieurs corps politiques con-
« sentent à devenir citoyens d'un État plus grand
« qu'ils veulent former. C'est une société de sociétés
« qui en font une nouvelle qui peut s'agrandir par
« de nouveaux associés, jusqu'à ce que sa puis-

(1) *Esprit des Lois*, livre IX, chap. I.

« sance suffise à la sûreté de ceux qui se sont
« unis

. . . .

« Cette sorte de république, capable de résister à
« la force extérieure, peut se maintenir dans sa
« grandeur sans que l'intérieur se corrompe. La
« forme de cette société prévient tous les inconvé-
« nients. »

Ainsi Montesquieu, dès avant 1789, n'ayant
d'exemples historiques que les Provinces-Unies de
Hollande, les anciennes ligues suisses et la confédé-
ration si imparfaite de l'Allemagne, avait compris
qu'il est possible, sans la centralisation monarchique, de former de plusieurs parties un tout puissant, une forte unité nationale. Combien de ces
grandes vérités, qu'il a su entrevoir, n'aurait-il pas
approfondies, et combien d'erreurs n'aurait-il pas
évitées dans son chapitre sur la Constitution anglaise, s'il avait vécu après notre révolution, s'il
avait suivi nos expériences, et s'il avait pu étudier
la Suisse moderne et la grande République amé-
ricaine ?

VI

INCONCILIABILITÉ DU SUFFRAGE UNIVERSEL ET DE TOUT GOUVERNEMENT MONARCHIQUE.

Si le suffrage universel est inconciliable avec la centralisation, on peut dire qu'il est inconciliable avec tout gouvernement où se trouve l'élément monarchique.

Il importe peu que ce gouvernement soit parlementaire. Dès que l'élément monarchique s'y rencontre, on est sûr d'y retrouver la centralisation avec ses inconvénients essentiels.

On ne peut concevoir un monarque, roi ou empereur, qui ne soit pas investi par la Constitution de certaines attributions, de certaines prérogatives, de certains pouvoirs en contradiction directe avec les libertés de la commune, du département ou de la nation.

Les partisans de la monarchie parlementaire admettent-ils que le monarque, non-seulement n'aura plus la nomination des magistrats municipaux, mais encore qu'il n'aura plus, ni par lui-même, ni par ses ministres ou préfets, aucun droit d'intervention dans les affaires de compétence municipale?

Admettent-ils que le monarque n'aura plus la nomination des administrateurs départementaux, ni aucun droit d'intervention dans les affaires de compétence départementale?

Admettent-ils que le monarque, comme représentant du pouvoir exécutif de la nation, sera complétement subordonné à la représentation nationale?

Admettent-ils que le monarque ne pourra plus décider de la paix ni de la guerre, qu'il ne pourra plus disposer de l'armée ni de la flotte, que par la volonté et sur les ordres de la représentation nationale?

Admettent-ils que le monarque n'aura plus la haute main sur toute la magistrature judiciaire, par la nomination de tous les présidents de cours, de tous les présidents de tribunaux, de tous les conseillers et juges, de tous les juges de paix, de tous les procureurs généraux, avocats généraux, etc. ?

Admettent-ils que le monarque ne sera plus le maître de tous les emplois publics de France, de toutes les places de receveurs généraux, payeurs, percepteurs, directeurs et commis des contributions directes, directeurs et commis des contributions indirectes, directeurs et commis des postes, directeurs et receveurs de l'enregistrement, recteurs d'académies, proviseurs, censeurs, professeurs, instituteurs, ingénieurs en chef, ingénieurs, conducteurs de travaux, etc., etc. ?

Admettent-ils que la police soit essentiellement une affaire d'ordre municipal ou départemental, et conséquemment que le monarque ne disposera plus de tous les commissariats de police de France ?

S'ils admettent cela, la prérogative monarchique n'est plus justifiée ; et la fonction de monarque n'a qu'à disparaître.

S'ils n'admettent pas cela, le suffrage universel reste en présence d'un pouvoir politique, d'une force centralisatrice, dont la nature sera de lui faire constamment obstacle, et qui aura de puissants moyens de le dominer ou de le corrompre ; et, pour se défendre, le suffrage universel sera réduit un jour ou l'autre à supprimer l'élément monarchique.

L'antagonisme entre le suffrage universel et l'élément monarchique sera bien autrement prononcé, si le monarque, outre ses attributions de chef du pouvoir exécutif, prétend à une part influente ou prépondérante dans le pouvoir législatif ou constituant? Alors c'est le principe même de la souveraineté nationale qui est atteint, contesté, mis en question, et, dès que le suffrage universel en a le sentiment, il ne peut manquer de sortir de cette prétention une lutte décisive.

Tout cela semble ne se déduire avec cette correction que dans le domaine de la logique. On aurait tort d'en juger ainsi. Les idées ont leurs journaux, leurs orateurs, leurs organes puissants, pour les jeter dans la discussion publique, et dès que les occasions de conflit surgissent, dès qu'elles mettent en mouvement les passions et les volontés, tout cela devient en un instant d'une réalité rigoureuse.

La prérogative monarchique est exposée à se trouver en contradiction avec le suffrage universel pour bien d'autres causes encore, dont je ne signalerai que les principales.

Si le monarque est déclaré irresponsable, le suffrage universel, qui n'admet pas les fictions, ne ardera pas à vouloir qu'il soit impuissant, et, dès qu'il sera impuissant, à conclure qu'il est inutile.

Si le monarque est déclaré responsable, le suffrage universel ne tardera pas à vouloir que sa responsabilité soit effective. Se figure t-on un monarque jugé ou condamné par une haute cour, ou simplement désapprouvé par un plébiscite? L'effet de cette responsabilité monarchique n'est–il pas la déchéance possible du trône, comme l'effet de la responsabilité ministérielle est la perte du portefeuille? Et que devient, en présence de la responsabilité, le principe de perpétuité et d'hérédité?

Que devient ce même principe de perpétuité ou d'hérédité, en présence du droit incontestable et permanent de la nation de changer, quand elle veut et comme elle veut, les bases de son gouvernement, autrement dit, en présence du caractère de pleine souveraineté que doivent avoir toutes les décisions du suffrage universel?

C'est une pure subtilité de répondre que le suffrage universel peut se limiter, peut s'arrêter lui-même où bon lui semble. Le suffrage universel d'aujourd'hui, oui, assurément. Mais le suffrage universel d'aujourd'hui ne sera plus rien devant le suffrage universel qui s'exprimera dans six mois ou dans six ans; et si, dans six mois ou dans six ans, le suffrage universel ne veut plus s'arrêter, comment échapper à la difficulté ?

Et, précisément, il est dans la nature du suffrage universel, toujours excité, toujours poussé, toujours mis en mouvement par la discussion publique, de ne pas s'arrêter longtemps.

Il s'élève enfin une objection terrible contre la coexistence, dans une même constitution, de l'élément monarchique et du suffrage universel, qui est l'impossibilité pour un pouvoir individuel, permanent, immuable, de supporter la discussion dans les conditions d'extrême liberté que le régime du suffrage universel rend indispensables. J'ai là-dessus une conviction opiniâtre, exprimée par moi dès 1848, dans une brochure postérieure de quelques mois à la révolution de Février (1), en des termes que je ne saurais aujourd'hui rendre plus clairs ni plus énergiques. Il me sera permis d'appuyer mon opinion persistante des raisons par lesquelles je la motivais dès cette époque, puisqu'elles me semblent toujours justes.

« Ce qui me frappe dans la révolution de Février

(1) DE l'ÉTABLISSEMENT DE LA RÉPUBLIQUE, par *Gustave Chaudey*, chez *Michel Lévy* frères. Cette brochure a été reproduite en grande partie dans le *Siècle* du 23 novembre 1848.

écrivais-je en novembre 1848, ce n'est pas tant la force du principe républicain que la faiblesse du principe monarchique; et, si je rapproche la révolution de Février de celle de Juillet, je ne puis guère me refuser à voir, dans cette double expérience, une preuve historiquement, sérieusement établie, de la difficulté d'une combinaison durable de la royauté avec la démocratie moderne, avec tout ce qu'elle implique de libertés et de forces indestructibles.

« A ne considérer que les faits seulement, et avec l'appui de cette double expérience, on serait déjà en droit de demander comment il serait possible de croire encore à une conciliation de la royauté avec la démocratie, et de rêver une restauration monarchique quelconque. On serait en droit de demander comment ce qui deux fois à été tenté, et a échoué deux fois, serait plus facile après ce double insuccès. Quel serait, en effet, pour les partisans d'une restauration monarchique, le moyen de sortir du dilemme suivant :

« Ou la royauté se retrouverait en face de la démocratie, avec moins de liberté pour la démocratie, et cette restriction de la liberté est inadmissible pour plus d'un certain temps.

« Ou la royauté se retrouverait en face de la démo-

cratie avec plus de liberté pour la démocratie, et la
discussion, mortelle pour la royauté avec une liberté
moindre, serait à plus forte raison mortelle pour la
royauté avec une liberté plus grande.

« Mais que sera-ce, si, au lieu de s'en tenir aux
faits, on remonte à leurs causes, si l'on cherche,
dans une sincère et patiente réflexion, à se rendre
compte de cette difficulté d'une conciliation de la
monarchie avec la démocratie ? La preuve prend
bien autrement de consistance. On sent qu'elle devient irrésistible.

« On est d'abord forcé de reconnaître que désor-
mais la démocratie est un principe indestructible,
irrévocable. On voit ensuite que la démocratie implique la liberté, qui devient irrévocable comme
la démocratie, et que la liberté implique le droit
de discussion, qui devient irrévocable comme la
liberté.

« Que devient alors nécessairement la question de
gouvernement? Elle se réduit nécessairement à ces
termes :

« Pour qu'un gouvernement puisse durer, dans
la démocratie moderne, il faut qu'il puisse supporter
la discussion sans fin et sans trève, la discussion sous
toutes les formes et à tous les instants, la discussion

des personnes, la discussion des choses, la discussion des moindres actes comme des plus grands.

» Et comme il est impossible qu'un pouvoir individuel et permanent, si habile qu'il soit, n'ait pas, au bout d'un certain temps, commis quelqu'une de ces erreurs, quelqu'une de ces fautes, qui l'engagent, qui le compromettent, qui lui aliènent l'opinion publique et tournent la discussion contre lui, il faut bien, en continuant la déduction, qu'on arrive à reconnaître qu'aucun pouvoir individuel et permanent, et qui, par la permanence de la personne, reste exposé à la permanence des attaques, ne peut supporter la discussion. Voilà, croyez-moi, la condamnation définitive des royautés! voilà le secret des révolutions de Juillet et de Février !

« Il n'y a donc qu'un pouvoir électif qui, par la mobilité de la personne dans la perpétuité des fonctions, puisse supporter la liberté et la discussion, telles que les veut la démocratie moderne; et l'élection, comme principe de gouvernement, c'est la république.

« Maintenant, quelle sera la république? Quelle y sera l'organisation du principe électif? Dans quelle combinaison politique sera le moyen de concilier, dans le pouvoir, la mobilité des personnes avec la

tradition et l'esprit de suite, qui est aussi une nécessité? C'est là le problème, un problème difficile
assurément, dont la solution coûtera cher sans doute
à notre génération, et peut-être à d'autres encore,
mais qui se résoudra certainement, parce que la
France et l'Europe ont absolument besoin qu'il se
résolve, et dont il sortira pour des siècles la fondation d'une science nouvelle et d'un ordre nouveau.

« La république que nous donnera la constitution
qui se discute maintenant, ne sera qu'un essai de
cette grande solution. Elle sera sans doute bien
imparfaite ; sans doute elle ne tardera pas à être
contestée, à être révisée. Il se pourrait même, ainsi
que je l'ai déjà supposé, que dans toutes ces révi-
sions, dans toutes ces épreuves, la république dis-
parût encore. Mais le problème du temps restera
toujours là, inévitable, pressant, impérieux, et
comme on retrouvera toujours au fond de la question
la démocratie, la liberté, la discussion, soyez sûr
qu'on y retrouvera toujours la république ».

VII

DIFFÉRENCES A FAIRE, POUR L'APPLICATION DU RÉGIME
PARLEMENTAIRE, ENTRE LE SUFFRAGE UNIVERSEL ET LE
SUFFRAGE RESTREINT.

De ce que le suffrage universel est inconciliable
avec le gouvernement parlementaire monarchique,
il n'y a pas à conclure qu'il est inconciliable avec le
régime parlementaire, dans le sens propre du mot.
Il s'y prête au contraire très-bien. Il en est même le
rouage essentiel.

Le gouvernement des États-Unis d'Amérique est
par excellence un gouvernement parlementaire; de
même le gouvernement de la Suisse.

Il y a là des chambres, une représentation nationale, un gouvernement de discussion, tout ce qui
constitue enfin le mécanisme parlementaire, dans
ses conditions les plus normales.

La responsabilité est là chose sérieuse. Elle va du dernier agent politique jusqu'aux ministres et au chef du pouvoir exécutif.

Quel gouvernement concevoir où l'opinion du pays puisse être plus exactement, plus fidèlement représentée, où il se trouve dans les institutions des moyens aussi sûrs de faire prévaloir la volonté nationale?

Mais il est impossible, assurément, de pratiquer le gouvernement parlementaire avec le suffrage universel comme avec le suffrage restreint.

On comprend, sous le régime du suffrage restreint, qu'il puisse se faire toutes sortes de transactions entre la Chambre des députés et le pouvoir exécutif.

Le pouvoir exécutif agit alors sur des idées, sur des intérêts, sur des classes faciles à discipliner.

Il s'établit aisément, entre les représentants du suffrage restreint et le pouvoir exécutif, une entente ayant pour objet d'assurer leur domination commune.

Tout ce qui ébranle l'un de ces pouvoirs ébranle l'autre. Les nécessités et les calculs de conservation deviennent les mêmes.

Il se conçoit très-bien que, dans un tel état de

choses, le pouvoir exécutif soit personnifié dans un monarque, roi ou empereur. C'est une garantie de conservation.

Avec le suffrage universel, rien de cela ne s'arrange plus aussi bien, n'est plus d'une efficacité aussi certaine. Il ne suffit plus que l'accord soit entre le pouvoir exécutif et une classe de la nation. Il faut que l'accord soit entre le pouvoir exécutif et toute la nation.

Le corps électoral n'est plus aussi facile à manier, n'est plus d'aussi facile composition. Les élections générales mettent en mouvement les idées, les intérêts et même les passions de toute la masse populaire. La nation est livrée à toute sa spontanéité. Un immense mouvement d'opinion se fait autour du scrutin. Il s'établit, sous l'impulsion de la presse et des réunions publiques, des courants irrésistibles et quelquefois fort imprévus. Tout peut être changé, dans la situation des hommes politiques, en vingt-quatre heures.

Devant une manifestation aussi puissante de l'esprit public, que deviennent les subtilités de la monarchie parlementaire? Comment essayer de lutter d'influence contre les représentants de la nation? Que signifient les volontés personnelles des chefs du pouvoir exécutif, si elles sont en contradiction avec la volonté populaire? Quelle raison reste-t-il de maintenir en face du parlement, avec une autorité distincte et une situation supérieure, un monarque qui sera réduit à la nécessité de toujours obéir?

Dans le système parlementaire fondé sur le suffrage universel, le pouvoir exécutif, s'il a encore à son service les forces innombrables de la centralisation, pourra essayer d'intimider ou de corrompre le vote. S'il n'a plus ces forces à son service, il n'a vraiment plus, dans les élections, qu'à se croiser les bras et à se résigner au verdict national. La prérogative monarchique n'a plus de raison d'être.

VIII

NÉCESSITÉ, POUR ÉCARTER TOUTE RÉVOLUTION VIOLENTE, DE L'ADMISSION DE TOUS LES PARTIS A LA REPRÉSENTATION NATIONALE, ET, PAR SUITE, DE L'ABOLITION DU SERMENT POLITIQUE.

Il se dit beaucoup qu'avec le suffrage universel il ne peut plus, il ne doit plus y avoir de révolution violente.

Cela est complétement vrai, en fait et en doctrine, si le suffrage universel est laissé à toute sa spontanéité, à toute son indépendance.

Tous les partis sont égaux devant le suffrage universel. Tous les partis doivent avoir une situation égale devant la loi, devant la Constitution.

Le suffrage universel doit être en mesure de choisir entre toutes les idées politiques qui se disputent la faveur de l'opinion.

Toutes les idées doivent pouvoir se produire

légalement à la tribune de la représentation nationale.

Tous les systèmes, tous les intérêts, tous les partis,
toutes les classes de citoyens doivent être enten-
dus dans les comices populaires.

Un candidat doit pouvoir dire hautement aux
électeurs : Je me présente à vous comme bonapar-
tiste, comme orléaniste ou comme républicain ; je
crois au régime parlementaire avec l'Empire, ou je
n'y crois qu'avec les d'Orléans, ou je n'y crois qu'a-
vec la République.

C'est en cela même qu'est la garantie contre toute
révolution violente, contre toute intervention de la
force dans la politique du pays.

Il faut que les partis puissent loyalement et en
toute occasion se compter.

Dès qu'on peut dire à un parti : « On connaît le
nombre de vos adhérents sur telle question impor-
tante, dans tel ou tel vote capital ; vous avez été
quarante sur trois cents ; » on peut lui dire hardiment qu'il n'a aucun droit à être le parti dirigeant.

Toute la lutte se réduit donc à se compter. L'in-
surrection est supprimée en principe.

Mais il est indispensable pour cela que tout parti
puisse s'exprimer légalement.

S'il arrive qu'un parti soit proscrit en masse de l'élection, qu'il ne puisse aborder ni les comices populaires, ni la tribune de la représentation nationale, sans être astreint par la loi à des formalités, à des procédures, à des déclarations qui soient l'abdication même de son principe, ce parti, en stricte justice, garde le droit de dire : Je ne puis ni parler ni agir légalement; je me tiens pour opprimé, et je me réserve, en toute occasion favorable, d'en appeler à la force contre l'oppression.

Tout serment, imposé, avant ou après l'élection, aux candidats ou aux députés à la représentation nationale, pour les assujettir à une combinaison politique déterminée, est, en principe, une mutilation de la souveraineté nationale, une restriction du suffrage universel, une violence faite aux opinions et aux consciences.

En fait, c'est une provocation odieuse à la fourberie, dans les professions de foi, ou à l'audace dans le parjure.

Les audacieux, ceux qui subissent le serment comme une force majeure, avec l'intention hautement déclarée de le violer, sont les honnêtes. Que penser de ceux qui le prêtent, avec des restrictions mentales, en se réservant de le tenir ou d'y manquer

selon les circonstances? N'est-ce point une déplo-
rable école pour la conscience populaire et la dignité des mœurs publiques que le spectacle fréquent
de cette hardiesse ou de cette duplicité?

Une majorité monarchique peut exiger d'une minorité républicaine de la soumission; elle ne peut
point en exiger de l'adhésion. Si, pour se débarrasser d'un parti, une majorité le met hors la loi
électorale ou le réduit à l'apostasie, elle justifie toutes
les protestations et s'expose à toutes les révoltes. Le
suffrage universel n'admet pas qu'il puisse être en-
chaîné à une formule. Ce n'est qu'un jeu pour lui
de braver la loi ou de la tourner, quand elle a pour
objet de le violenter. On sait ce qu'il a trouvé moyen
de faire à l'occasion du serment préalable. Ce qui
s'est déjà vu pourrait se revoir dans de bien autres
proportions. La tactique des candidatures inasser-
mentées pourrait, à un moment donné, devenir
l'occasion d'un conflit formidable.

La lutte légale ne sera définitivement substituée à
la lutte révolutionnaire que par l'abolition du serment politique.

IX

Causes fatales de conflit entre le suffrage universel
et l'empire. Impossibilité de résoudre démocratique-
ment, avec l'empire, aucune des grandes questions
de l'époque.

Les causes de conflit, entre le suffrage universel
et l'empire parlementaire, seront inévitables et de
tous les jours. Elles surgiront, dans les petites choses
comme dans les grandes, à chaque occasion de polémique entre les journaux, à chaque séance de la
Chambre des députés. On peut en juger déjà par ce
qui se passe depuis quelque temps.

Le désaccord entre le suffrage universel et l'empire
autoritaire pouvait rester longtemps caché, insaisis-
sable. Les députés n'avaient ni droit d'interpellation,
ni droit d'initiative. Ils dépendaient presque tous du
pouvoir exécutif, qui, en utilisant la centralisation,
parvenait assez facilement à dénaturer le scrutin et
à former une majorité factice.

Et malgré tout cela le désaccord a fini par se manifester.

Que sera-ce à présent, avec le droit d'interpellation et d'initiative des députés, et l'extension forcée des libertés de la presse?

J'ai déjà expliqué combien il était difficile à un pouvoir individuel et permanent de supporter la libre discussion.

Indépendamment de cette difficulté générale, pour tout gouvernement monarchique, de tenir devant la discussion quotidienne, devant la critique incessante, il y a pour l'Empire des difficultés de position particulière.

Le crime de son origine, qui a été, dans le mutisme général, une force d'intimidation, est devenu aujourd'hui une faiblesse, une cause perpétuelle d'attaques justifiées par la morale.

L'Empereur s'est reconnu responsable. La constitution impériale a fait un dogme de cette responsabilité. Il faudra bien un jour ou l'autre que, sur la proposition de quelque député audacieux et populaire, il s'agisse de la prendre au sérieux. Très-probablement le gouvernement impérial ne s'y prêtera point avec une extrême complaisance.

Si l'on y réfléchit bien, on reconnaîtra que, sur aucune des questions capitales de l'époque, l'empire parlementaire ne peut arriver à des solutions sérieuses.

Sur la question de l'armée, avec la préoccupation de sauvegarder avant tout l'empire, rien ne sera jamais fait qui puisse enlever à l'armée son caractère de force dynastique pour lui donner le caractère de force nationale. Si l'opposition veut user en ce sens de son initiative, elle sera certainement contrecarrée par le Gouvernement.

Sur la question des cultes, rien ne sera jamais fait qui puisse consacrer la séparation de l'Église et de l'État, et empêcher le clergé d'être un instrument de règne. Aucun ministère de l'empire parlementaire n'osera s'exposer à perdre l'appui des évêques et des curés dans les élections.

Il en sera de même sur la question de la réforme judiciaire. Jamais un ministère de l'empire parlementaire ne laissera rompre le lien qui rattache la magistrature à la dynastie.

Rien de sérieux ne sera fait non plus en décentralisation. Le principal souci de la commission présidée par M. Odilon Barrot, on peut en être sûr d'après sa composition, sera de sauvegarder l'intérêt dynastique bien plus que d'assurer l'indépendance des communes et des départements. Et si d'aventure les conclusions de la commission sont un peu hardies, elles ne seront certainement pas converties en projet de loi gouvernemental.

Et sur la question économique, ce sera bien autre chose encore. Là, tout est embarras, tout est danger. Si l'on veut comprimer les classes ouvrières, on les aliénera; si l'on cherche vraiment à leur assurer les avantages de la liberté, elles en profiteront, et, tout ce qui sortira de leur spontanéité et de leur initiave, formation de groupes professionnels, création de syndicats, sociétés de résistance, pactes de solidarité entre les métiers et les associations, tout cela, ce sera de la force populaire s'organisant au profit de la république et contre l'empire parlementaire. Aucun progrès sérieux de la démocratie ne se réalisera dans l'ordre économique, qui ne soit fortifiant pour le suffrage universel et mortel pour l'idée monarchique.

Il viendra inévitablement un jour où, comprenant cela, l'empire parlementaire voudra entraver le mouvement des classes ouvrières.

Ainsi, de tous les côtés, à propos de toutes les grandes questions, on voit surgir des contestations, des occasions de conflit entre le suffrage universel et l'empire parlementaire. Cherchons, pour finir, à prévoir ce qui en sortira.

X

CONCLUSION

De tout ce qui vient d'être exposé, il doit résulter
assez clairement, pour les esprits réfléchis, que
dans un temps rapproché, avec la Chambre actuelle
des députés, ou avec celle qui lui succédera, de
grandes luttes de principes seront engagées à la
tribune et dans la presse.

Ce sera, au fond, le combat de l'idée monarchique et de l'idée républicaine. Il n'y aura bientôt
plus en France, je le répète, que des partisans de
l'empire parlementaire ou des partisans de la république.

Simplification considérable, qui accélérera puissamment le progrès de la raison publique.

L'empire parlementaire trouvera pendant quelque temps une certaine force morale dans l'attente de l'opinion, dans l'espérance des améliorations promises, dans la disposition des esprits à ne juger l'expérience actuelle que sur ses résultats.

Il aura pour lui les anciens partisans de l'empire autoritaire, les administrations, les corps constitués, le Sénat, le Conseil d'État, la magistrature, les académies, les catholiques libéraux, les orléanistes, les républicains intrigants, les amateurs de décorations, tous les hommes dévoués à leurs traitements, tout ce qui dépend du budget ou aspire à en dépendre.

Il aura pour lui les partisans des priviléges, des distinctions, des sinécures, des cumuls, des grandes charges, des pompes de la Cour, du faste monarchique, et, s'il est permis en pareille matière de plaisanter un peu, les invités des séries de Compiègne, les amis du sport, le Jockey-Club, les associations présidées par le baron Taylor, et les protecteurs de l'Académie impériale de musique.

Il aura pour lui tous les intérêts craintifs, tous les esprits sceptiques et vacillants, toutes les intelligences effrayées des excentricités et des turbulences de ces derniers temps, et qui ne savent pas comprendre combien il est facile d'avoir raison des utopies par la liberté réelle.

Tout cela constitue, il n'y a pas à le dissimuler, une force de résistance très-appréciable.

Et tout cela aura pour point d'appui l'armée, la force matérielle, la grande et la vraie ressource.

Mais les forces du parti républicain sont aussi bien considérables.

Toutes les promesses non réalisées, toutes les espérances déçues, tous les résultats manqués tournent en sa faveur.

Toutes les causes de désaffection lui recrutent des adhérents.

Le mouvement des idées est pour lui, en France et hors de France.

Tous les instincts populaires, tous les besoins de justice de la multitude sont de son côté.

Tous les intérêts froissés se rattachent à son avenir.

La jeunesse des Écoles, la grande masse des écrivains, des artistes, des hommes de science, des hommes de droit, de tous ceux qui relèvent d'une profession indépendante, sont dans ses rangs.

Ses formules sont la plus haute expression des

sentiments de dignité civique. Il a le prestige d'une longue persécution. Les hommes de lutte, les caractères fiers et énergiques, les dévouements désintéressés, en forment l'élite naturelle.

Avec la puissance de l'idée, il a la puissance du nombre ; il est sûr du moins de l'avoir à un moment donné.

Paris et toutes les grandes villes lui appartiennent déjà.

Les populations des campagnes comme les populations des villes, dès qu'il y aura un peu de liberté sérieuse, ne pourront échapper à sa propagande.

A l'approche du succès et de la responsabilité, il se produira, de son côté, dans la presse ou à la tribune, des idées capables de rassurer la province, des idées où l'on sentira l'esprit d'organisation, la maturité de la science pratique.

Le pressentiment de la force future du parti en augmentera sans cesse la force actuelle.

Pourquoi, se demandera-t-on quelque jour de toutes parts, pourquoi un trône ? Pourquoi une cour ? Pourquoi une liste civile ? Pourquoi une garde impériale ? Pourquoi toutes ces grandes charges autour du prince ? Pourquoi tant de chambellans, tant d'écuyers, tant d'aides de camp ?

Pourquoi tout ce faste des palais impériaux ? Pourquoi toute cette étiquette et toute cette représentation, d'où il part une excitation au luxe et à la vanité si funeste aux mœurs du pays ? Pourquoi enfin un gouvernement si dispendieux, et qu'avons-nous besoin de tant de splendeur monarchique, si la nation a plus à y perdre qu'à y gagner, et si les garanties de ses libertés et de ses intérêts en sont diminuées plutôt qu'augmentées.

Et l'impopularité est une prompte conséquence de ces questions, une fois que le peuple se les est posées !

Des événements de nature vulgaire dans la maison impériale peuvent aussi, d'un moment à l'autre, avoir une grande influence sur la situation respective des partis. Rien n'est indifférent de ce qui touche à la santé de l'Empereur, à son état d'esprit, à son âge, aux chances plus ou moins rapprochées d'un changement de règne. Le prince impérial, élevé en dauphin, n'a aucune attache avec sa génération, si ce n'est avec les enfants de troupe. La disparition personnelle de l'Empereur, en faisant arriver dans la combinaison parlementaire ou l'impératrice comme régente, ou le prince Napoléon comme régent, ou un prince de dix-huit ans comme empereur responsable, deviendrait instantanément l'occasion d'une défiance universelle.

Des raisons de principes précédemment développées, et de cet examen comparé des ressources de l'empire parlementaire et du parti républicain, je me crois autorisé à conclure avec quelque fermeté que, si l'on a fait la république en 1848 pour avoir le suffrage universel, on sera forcé de la refaire un jour, précisément parce qu'on a le suffrage universel.

Et, quand elle reviendra, la république ne sera plus traitée d'accident ni de surprise. Elle sortira de la force des raisons et de la force des choses.

FIN

Mars 1870.

TABLE

—

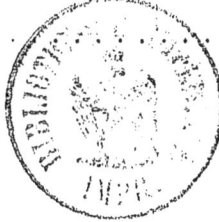

0000. — Paris. — Imprimerie Vᵉ Poitevin, rue Damiette 2 et 4.

www.ingramcontent.com/pod-product-compliance
Lightning Source LLC
Chambersburg PA
CBHW070915280326
41934CB00008B/1733